Sur la craie rouge d'Angleterre

Thomas Wiltshire

Writat

Cette édition parue en 2023

ISBN : 9789359255392

Publié par
Writat
email : info@writat.com

SUR LA CRAIE ROUGE D'ANGLETERRE
Un article lu le 4 avril par le révérend THOMAS WILTSHIRE , MA, FGS, etc., président.

Les gens en général prennent pour type ou représentant de la craie le matériau que les mécaniciens emploient pour tracer des lignes et des figures grossières. C'est une substance d'une couleur blanche brillante , quelque peu cédant au toucher, et capable d'être très facilement abrasée ou frottée.

Mais le géologue donne au terme une interprétation beaucoup plus large, ne le limitant pas par ces quelques caractéristiques ; et, en conséquence, il inclut sous un même titre de nombreuses strates qui seraient difficilement regroupées ainsi par un non-initié.

bande dure, souvent caillouteuse et très colorée , qui, malgré son grand écart par rapport au type populaire, est néanmoins appelée dans le langage géologique la « craie rouge ». " Cette couche, sujet du présent article, ne forme nulle part une masse d'une grande épaisseur ou d'une grande étendue ; peut-être que si l'on prend trente pieds comme son maximum d'épaisseur, quatre pieds comme son minimum et cent milles comme sa plus grande longueur, on arrivera à la vérité. On peut aussi dire que c'est particulier à l'Angleterre, car la *Scaglia* , ou Craie Rouge des Italiens, a peu de commun avec celle de notre pays. Les deux diffèrent considérablement en apparence, en situation et en fossiles.

La première vue de la couche au nord doit être obtenue à environ six milles au nord-ouest de Flamborough Head, dans le Yorkshire, près du village de Speeton , où sa structure, son pendage et son aspect général peuvent être remarquablement bien étudiés.

Speeton est un petit village, un endroit sans grande importance dans le monde des affaires, mais très célèbre parmi les amateurs de géologie, dans la mesure où dans son voisinage il y a plusieurs formations intéressantes , dont l'une, l' argile de Speeton , donne un nom.

À notre époque de déplacements rapides, le village a la grande commodité d'une gare ferroviaire, d'où l'on atteint sans la moindre difficulté les falaises en contrebas.

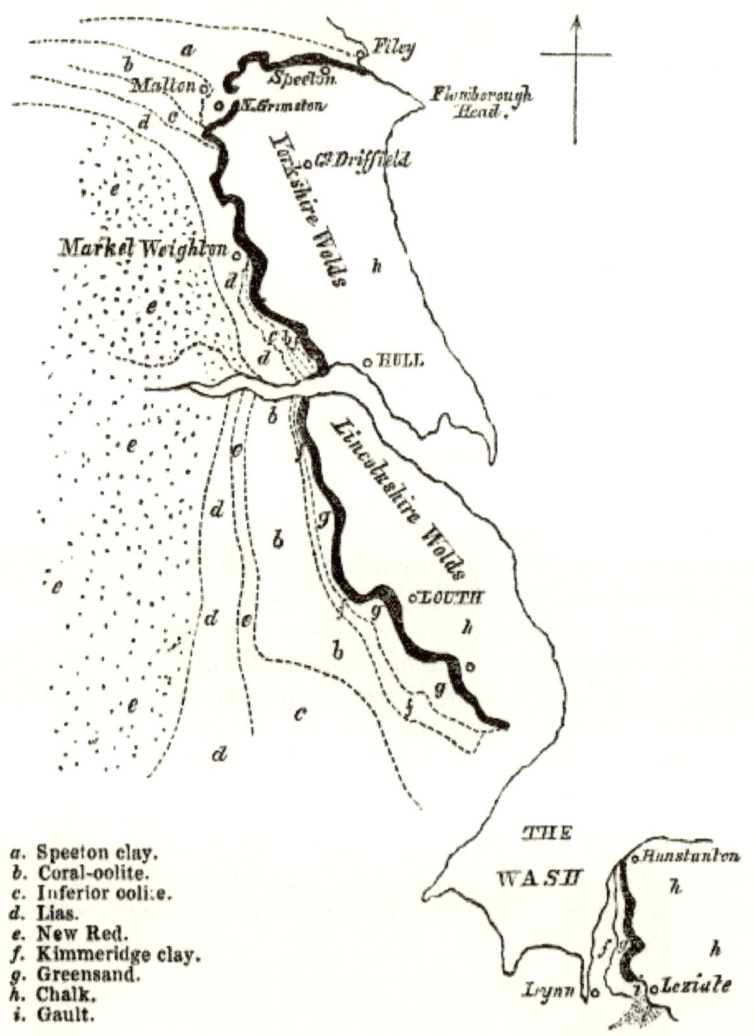

Ligne . 1.—Carte d'une partie du Yorkshire, du Lincolnshire et du Norfolk, montrant l'affleurement et l'étendue de la craie rouge.

Comme je souhaite conduire les membres de l'Association au Red Chalk *in situ* , supposons que, partant d'une localité proche du chemin de fer de Hull et Scarborough, nous ayons pris des billets pour la gare de Speeton et que nous soyons arrivés à temps à cette dernière. lieu. En descendant du train, nous devons diriger nos pas vers les maisons en face, puis rechercher le chemin qui mène au bord de la mer, au-dessus duquel nous nous trouverons à une hauteur considérable, disons quatre cents pieds. On nous dira de passer devant l'église, de tourner à droite dans un petit chemin, puis de chercher un sentier obscur qui traverse les champs. Bientôt après, étant sur les hauteurs, nous pourrons, à la lumière de la nature, trouver un chemin vers les sables en contrebas.

En descendant, examinons la scène qui s'offre à nous. C'est un lieu grandiose, rendu pittoresque par le terrain accidenté, la solitude et le bruit des vagues. Juste devant, il y a la baie ouverte de Filey ; à gauche, la ville de Filey et son brick ; non pas un navire, comme on pourrait l'imaginer, mais une énorme masse de roches d'oolite corallienne, s'avançant vers la mer à angle droit depuis le rivage, comme une jetée formée par des mains humaines, et couronnée du côté de la terre par des pinacles étrangement découpés. de dérive rose et accidentée. Sur la droite se trouvent les hautes falaises perpendiculaires de craie blanche de la chaîne de Flamborough . En descendant, nous rencontrerons un ravin ou lit d'un petit ruisseau, probablement assez sec, en suivant le cours sinueux duquel nous atteindrons le rivage. Ce ravin passe sur un escarpement de matière diluvienne (le tout étant confus par les effets de petits éboulements), et traverse la Craie Rouge elle-même, dont la première trace sera rendue visible au moyen de fragments roulés, que la force du mouvement le ruisseau s'est détaché à différents moments.

Ce ne sera qu'ici et là que nous retrouverons la Craie Rouge *in situ* , car tantôt la végétation, tantôt le diluvium, tantôt les masses tombées cachent entièrement sa position réelle. On retrouvera cependant beaucoup de pièces arrondies au niveau des pieds. Il vaudrait mieux en examiner quelques-uns sur place, afin que nous puissions avoir une perception claire de l'aspect du lit, si nous le rencontrions à nouveau. Ces morceaux se révèlent durs et rugueux au toucher, et d'une teinte rouge vif, bien que parfois marqués de stries blanches. Très probablement, sur certains de leurs côtés, on verra un ou deux fossiles apparaître ; un coup de marteau en révélera encore davantage. Les fragments roulés sont si nombreux que quelques heures de travail satisferont la conscience et rempliront les poches du voyageur .

S'il me était permis de donner un conseil à tout membre de notre Association qui devrait par la suite visiter l'endroit, ce serait celui-ci : il serait bien qu'il emportât entiers des rochers de taille moyenne, plutôt que de les briser sur place. Les fossiles seront mieux développés à loisir. Le matériau est si dur, et les fossiles si cassants (surtout les bélemnites et les serpules), que le traitement rapide et brutal du marteau ne produira que des spécimens imparfaits. La « trouvaille » ne produira pas une très grande variété, seulement des chiffres ; on obtiendra des térébratules , des serpules et des bélemnites.

Ayant maintenant récupéré des spécimens, nous ferions mieux de marcher vers le sud le long du rivage ; après peu de temps, on verra une belle coupe perpendiculaire de cette couche particulière ; nous remarquerons qu'il est limité d'un côté par la Craie Blanche, à laquelle il est parallèle ; de l'autre par l' argile de Speeton , qui ne lui est pas conforme, c'est-à-dire non parallèle.

L'épaisseur du lit de Craie Rouge à cet endroit, comme je l'ai dit tout à l'heure, est d'environ trente pieds. Tout d'abord, en le prenant par ordre décroissant, c'est-à-dire ayant atteint sa limite à la Craie Blanche, et en revenant sur nos pas dans la direction de Filey, on remarque environ douze pieds de matière rouge contenant des serpules , et on constate que le la partie supérieure de cette division est très remplie de nodules grisâtres, ce qui montre que le changement de la craie blanche au rouge est graduel. Vient ensuite un lit d'environ sept pieds d'épaisseur, de craie blanc foncé ; et enfin un autre lit d'environ douze pieds d'épaisseur, de craie rouge vif, contenant des bélemnites et des térébratules . Le tout est suivi de l' argile Speeton , dont on trouvera un compte rendu bref et précis dans le No. 13 du magazine LE GÉOLOGUE . La ligne de division entre ces deux étant bien marquée par des ruissellements d'eau, provoqués par la percolation à travers la craie arrêtée par l'argile imperméable.

L' argile Speeton est singulière par certaines de ses caractéristiques. Dans sa partie supérieure, en contact avec la Craie Rouge, elle contient des fossiles appartenant à l'ère Néocomien ou Sables Verts, tandis qu'à la partie inférieure se trouvent les représentants de l'argile de Kimmeridge. Il semble donc que ce soit une de ces formations particulières qui résultent de l'amincissement d'un certain nombre de couches et de leur absorption les unes dans les autres. Trois des fossiles bien marqués de l' argile de Speeton peuvent être cités : *Belemnites jaculum* ; un petit crustacé, *Astacus ornatus* ; et un grand hamite , appelé *Hamites Beanii* .

Au sud de la craie rouge à Speeton , et à côté de celle-ci, se trouve, comme je l'ai mentionné récemment, la craie blanche. Les fossiles de cette partie ne sont pas nombreux ; on y trouve un inoceramus , une terebratula et rarement une ammonite. Mais la craie blanche plus haut, c'est-à-dire plus au sud, au-dessous de Flamborough Head, près de Bridlington Quay, est très fossilifère, contenant des coraux, des échinis, un lit de marsupites , ainsi que cette très remarquable et vaste collection de formes marines, les silicifiées. des éponges, dont des milliers peuvent être vues à basse mer, dispersées de haut en bas et incrustées dans les cicatrices ou les rochers. Cette craie a cependant ses inconvénients, car étant très dure, au point même de sonner sous les coups de marteau, les spécimens ne peuvent être obtenus sans beaucoup de peine. Je dois faire une exception en ce qui concerne les éponges. Ils sont composés de silex ; Par conséquent, un long trempage dans de l'acide chlorhydrique très dilué fera un travail plus important et meilleur après que les fossiles auront été ramenés à la maison, que cinquante ciseaux. La matière calcaire se dissout lentement, et des formes apparaissent alors aussi délicates et belles que celles que l'on peut remarquer dans la tribu des éponges modernes. La plupart des espèces communes d' éponges de Flamborough se trouvent figurées et nommées dans l'ouvrage du professeur Phillips, Geology of Yorkshire ; le plus rare dans le Magazine of Natural History de 1839.

Revenons maintenant au village de Speeton et essayons de suivre le cours sinueux de la Red Chalk jusqu'à son extrémité visible, à quelques centaines de milles au sud-est, dans le comté de Norfolk.

En se référant à la carte (page 2), où le lit est posé, on voit que la Craie Rouge jouxte la Craie Blanche sur toute sa longueur ; qu'il prend d'abord une direction ouest sur une vingtaine de milles, puis tourne soudainement à un angle aigu et se dirige vers le sud-est pour le reste de son parcours.

Certaines personnes pourraient supposer, en voyant la carte, que si elles devaient se rendre dans l'une des villes ou villages proches de la ligne, elles seraient nécessairement en mesure de voir la craie rouge *sur place* . Ça n'existe pas; la couche supérieure du sol, la végétation ou le travail de l'homme peuvent tout à fait dissimuler toutes les traces. Ce n'est que dans des sections naturelles comme les falaises dont nous venons de parler, ou par d'autres moyens, tels que des puits, etc., que nous pouvons acquérir une idée véritable du sol qui se trouve au-dessous de nous. Qui, par exemple, qui vit dans la City de Londres, pourrait imaginer, s'il n'en avait pas été témoin par lui-même, lorsque les égouts étaient ouverts ou les fondations coupées, qu'il habitait sur des lits de gravier aussi brillants et jaunes que ceux qui recouvrent les allées d'un jardin fleuri ?

Lorsque donc la nature de la surface du sol est telle que les yeux ne peuvent déceler les traces d'une formation particulière que nous recherchons, il faut chercher d'autres témoignages, il faut se demander ce qu'ont vu les autres hommes et qu'ont-ils vu. enregistrés et sous la garde desquels ils ont confié la conservation de ces faits.

Dans le cas présent, je peux me référer à deux excellents ouvrages pour nous aider : Geology of Yorkshire du professeur Phillips et Young and Bird's Survey of the Yorkshire Coast.

Tournons-nous vers ce dernier. Les auteurs écrivent qu'en 1819, M. George Rivis , de Sherburn, fora du charbon dans un vallon profond à environ un mille et demi au sud de Staxton ; le forage s'est poursuivi sur une profondeur considérable. Ils passèrent d'abord par la craie blanche, puis parvinrent à la veine rouge et enfin, à la profondeur de 288 pieds de l'embouchure du forage, atteignirent l' argile de Speeton . Ainsi donc, près de Staxton , à quelques kilomètres à l'ouest de Speeton , la Red Chalk existe ; le voilà, même s'il n'est peut-être pas visible.

Si nous progressons encore plus à l'ouest le long du pied nord des Yorkshire Wolds, il est possible qu'à Knapton nous revoyions réellement la craie rouge et blanche *in situ* ; car Young et Bird nous disent que, dans une carrière d'argile près de ce village, on pouvait le voir à leur époque. À North Grimston , ajoutent-ils, la craie colorée semble faire défaut, car à une source abondante jaillissant sur le flanc de la colline, à environ un mile au-dessus du village, la craie blanche est vue immédiatement au-dessus de l'argile bleue.

Cette affirmation n'est pas surprenante : regardez la carte (page 2). Non loin de North Grimston, il doit évidemment y avoir une grande discordance de strates. Remarquez que plusieurs formations, au lieu d'être parallèles les unes aux autres, sont en fait à angle droit. Par exemple, nous avons l' argile de Speeton , les oolites et les lias , presque perpendiculaires dans la direction de la craie blanche, un peu à l'ouest de Great Driffield. Un tel état de choses doit être le résultat de grands troubles, et il n'y aurait rien d'étrange à ce qu'une partie de la série soit déplacée ou manque complètement.

A quelques milles au sud, près de la ville de Pocklington, les strates sont de nouveau parallèles les unes aux autres, et en conséquence la craie rouge se trouve, comme auparavant, à la base des Wolds. Le professeur Phillips, dans son ouvrage sur la géologie du Yorkshire, figure quelques fossiles de craie rouge de Goodmanham , près de Market Weighton, et fait allusion à leur présence également à Brantingham , non loin de la rivière Humber, limite du comté.

Ainsi donc, la Craie Rouge a été tracée à travers le Yorkshire ; en gros, on pourrait dire qu'il suit pour la plupart un cours ondulé à la base des Wolds ; qu'il s'élève avec une très douce inclinaison depuis la mer près du village de Speeton ; qu'il se dirige presque plein ouest jusqu'à ce qu'il s'approche du quartier de Malton , qu'il change alors soudainement de direction et avance vers le sud-est jusqu'à ce qu'il s'enfonce sous les marais à six ou sept milles à l'ouest de Hull, après avoir occupé une distance de une cinquantaine de kilomètres.

Nous traversons maintenant la rivière Humber et retrouvons le Red Chalk près des rives à un endroit appelé Ferraby , à l'ouest de Barton dans le Lincolnshire.

Le Musée de la Société Géologique de Londres possède des spécimens prélevés dans cette partie, et dans une note qui leur est attachée, il y a cette remarque, qu'il y avait d'abord de la craie blanche, puis de la craie rouge, puis une argile bleue ; il est donc évident que le même état de choses prévaut que celui que nous avions à Speeton ; et la même observation s'appliquera à l'apparence des spécimens eux-mêmes.

Mais tandis que nous voyageons le long de la base ouest des Lincolnshire Wolds, ou Chalk Downs (comme les Londoniens les appellent ainsi), bien que nous trouvions la craie rouge sous la craie blanche, l'argile bleue sous la craie rouge fait défaut ; sa place est remplacée par une épaisse série de sables de couleur brune , avec des lits inclus de calcaire sableux, pleins de fossiles comme le Kentish Rag, mais ne possédant pas d'echini ni de bélemnites. Ces lits ont été référés aux sables verts inférieurs.

Seules quelques remarques peuvent être faites à propos du Lincolnshire. Mon intention était d'avoir visité le pied des collines de craie et de rassembler de nouveaux faits ; Je n'ai pas pu le faire ; je n'ai pas non plus réussi à découvrir d'auteurs qui aient beaucoup écrit sur ce comté. Il y a une grande obscurité géologique sur cette terre, et il reste beaucoup à faire pour exploiter ses gisements fossilifères. Je peux cependant parler avec confiance de Louth

.

On pourrait croire, comme la ville est placée à droite de la ligne sombre sur la carte, qui marque la position de la Craie Rouge, que Louth ne pourrait avoir rien à voir avec cette dernière. Mais un ami qui s'est renseigné sur place pour moi m'a envoyé deux spécimens et dit qu'il les a vus extraits d'une craie dans cette ville. Ils coulaient dans des veines, écrit-il, les plus claires sur les plus foncées, et étaient creusées à peu de distance sous la surface. La pièce rouge vif se trouvait juste au-dessus de l'endroit où naissent les sources – des faits qui correspondent à des preuves trouvées ailleurs.

Comme l'inclinaison du plan des strates est petite et s'élève vers le sud-ouest (la direction des strates étant nord-ouest), on comprend facilement que la craie rouge peut exister sous Louth, et pourtant ne pas apparaître à la surface . surface du terrain jusqu'à une certaine distance à l'ouest de la ville.

A Brickhill, près de Harrington, la veine a également été rencontrée ; un spécimen peut être vu au Musée de la Geological Society de Londres. Ce dernier et ceux de Louth diffèrent peu en apparence ou en caractère de ce que l'on peut obtenir dans les lits de Speeton .

Je n'ai plus rien à dire sur le Lincolnshire, si ce n'est que, d'après l'autorité des cartes géologiques, la craie rouge de ce comté s'enfonce et disparaît sous les marais, quelques milles avant d'atteindre la mer.

Et maintenant il est temps de traverser le Wash, cette grande baie maritime, et d'atterrir à Hunstanton, un petit village sur la côte nord-ouest du Norfolk. Comme je m'adresse à un groupe de géologues en activité, je devrais peut-être expliquer comment, en pratique, on peut arriver à la localité, car il n'est pas aussi facile d'atteindre un endroit dans la réalité que de le voir sur une carte.

Pour se rendre à Hunstanton de la manière la plus rapide , il faut d'abord atteindre Lynn ; D'où un omnibus, partant l'après-midi, à trois ou quatre heures, de la gare de Lynn, conduira les voyageurs au village.

A Hunstanton, il y a deux hôtels et plusieurs maisons d'hébergement. Je recommande le Strange Arms, car c'est une auberge à l'ancienne, confortable et plus proche que les autres de la section que nous recherchons. Peut-être pourrait-on se demander : pourquoi s'attarder autant sur Hunstanton, son hôtel et son omnibus ? Je le fais parce que dans ce village il y a une section naturelle de la craie rouge des plus excellentes, meilleure presque qu'à Speeton , et certainement différente à bien des égards.

Nous supposerons que nous sommes arrivés à Hunstanton et que nous marchons vers le rivage devant le Strange Arms. Quelques minutes seulement nous transporteront jusqu'à la magnifique falaise. Je dis merveilleux, non pas par sa hauteur ou sa longueur ; car à sa plus grande hauteur, sous le phare, il n'a pas plus de soixante pieds ; et il s'étend sur un peu plus d'un mile de longueur ; mais merveilleux par sa couleur curieuse et son effet général.

Ligne . 2.—Hunstanton Cliff (en regardant vers le nord)

La gravure sur bois, copiée d'un dessin à l'aquarelle , réalisé l'automne dernier par un ami, donnera une idée de son aspect ; mais, bien entendu, l'absence de couleur enlève à la beauté de la scène.

La falaise elle-même peut être divisée en cinq parties : premièrement, de la craie blanche, de quarante pieds d'épaisseur ; deuxièmement, craie rouge vif, quatre pieds ; troisièmement, une masse de sable jaune de dix pieds ; quatrièmement, une couche de cailloux brun foncé, de quarante pieds ; et enfin vingt pieds de lit presque noir.

Ces divisions ne se recoupent pas, comme c'est le cas dans la plupart des strates géologiques, mais restent bien distinctes. Ainsi la craie rouge est aussi nettement séparée de la craie blanche que si celle-ci avait été recouverte d'une large bande de peinture. La même observation vaut pour les autres.

On comprendra facilement que lorsque le soleil brille sur la falaise et éclaire le blanc éclatant, le rouge vif, le jaune pâle, le brun foncé et le noir, et projette une ombre sur la masse de matériaux aux teintes gaies à la base . , une image n'est pas facile à surpasser en beauté, et certainement pas à être pleinement appréciée à moins d'être réellement vue.

Le lit de craie blanche au-dessus de la craie rouge est, à Hunstanton, très fossilifère ; bien que rendu quelque peu inutile, comme celui du Yorkshire, au géologue, à cause de son extrême dureté. Entre autres coquilles, on peut citer plusieurs espèces de serpules , de bélemnites et d'ammonites. Ces derniers sont parfois très grands : lorsque j'étais à Hunstanton, en automne, j'en trouvai un exemplaire de deux pieds de diamètre ; je l'extirpai avec beaucoup de peine de sa matrice, le brisant en deux pendant l'opération ; et enfin j'ai eu la mortification de découvrir que son poids était si grand que je ne pouvais pas l'emporter.

La craie rouge en dessous, qui a près de quatre pieds d'épaisseur, est très pleine de fossiles : bélemnites, serpules , térébratules , coraux et bien d'autres, sans parler des os. Le nombre de spécimens sur la table témoignera de sa richesse en restes organiques.

Parfois, il est mou et s'effrite ; mais, en général, il est très dur, granuleux, d'une teinte rouge vif et plein de petits cailloux siliceux de couleur foncée ; à cet égard, elle diffère considérablement de la craie rouge de Speeton , dans laquelle je n'ai pas vu de cailloux. Le professeur Tennant, qui a examiné les galets de Hunstanton, m'informe qu'ils sont constitués de *calcédoine* , *de quartz* , *de silex* , *d'ardoise* et *de spath brun* ou *carbonate de fer* .

Il contient également une grande quantité de fragments d' inocerami et une curieuse structure ramifiée en forme d'éponge (il y en a une sur la table), que l'on retrouve également dans la craie blanche ci-dessus.

Quelque chose de très semblable à l'éponge ramifiée est visible à la surface des blocs au bord de la mer, à l'arrière de l'île de Wight, dans la formation de sable vert, et une chose très semblable à celle-ci sur les graviers calcaires de la côte du Yorkshire. Vous observerez ces derniers au nord de Filey , mais rien de pareil n'existe dans la Craie Blanche à Speeton .

Sous la craie rouge de Hunstanton se trouve un grès caillouteux jaune et brun, qui était autrefois censé ne contenir aucun reste organique. Cependant, MCB Rose de Yarmouth en a obtenu beaucoup.

Ce lit est appelé dans ces régions « pierre de taille » et est très employé comme matériau de construction. Les cottages de ce quartier et sur la route de Lynn semblent à distance, comme s'ils avaient été construits avec des masses de pain d'épice, tant la similitude de couleur et d'apparence est grande.

La longueur de la craie rouge, d'un bout à l'autre, à la falaise de Hunstanton est d'environ 1 000 yards, et sa plus grande élévation au point où elle atteint le sommet et quitte la falaise est de trente-sept pieds ; son élévation est donc très graduelle, puisque sa première apparition est presque au niveau de la plage.

Il y a deux autres choses qui méritent d'être observées à Hunstanton. L'un est le phare, qui repose sur le principe dioptrique, la lumière étant transmise vers la mer au moyen de prismes de verre au lieu des réflecteurs métalliques ordinaires ; et l'autre est un vestige d'une plage maritime surélevée sur les falaises composée de fragments arrondis de craie blanche et rouge reposant immédiatement sur le sable vert. Il est situé au sud du point de sortie des cultures de Red Chalk.

Nous allons maintenant, s'il vous plaît, quitter Hunstanton et nous diriger vers Lynn, en restant dans le voisinage de la route carrossable.

Si nous pouvions creuser le sol alors que nous étions à huit ou neuf milles de Lynn, nous verrions toujours notre vieux compagnon à nos pieds, car la craie rouge a été reconnue dans les villages d' Ingoldsthorpe et de Dersingham .

Nous ne le rencontrerons bientôt plus. A Leziate , un peu au nord-est de Lynn, elle s'éteint. M. CB Rose, qui a toujours pensé que le Red Chalk se révélerait être l'équivalent du Gault, et qui a soutenu, à partir des preuves fossiles et de la direction des affleurements, que le véritable Gault et le Red Chalk doivent finalement se rencontrer, — M. Rose, dis-je, m'a informé qu'il avait observé la craie rouge et le gault incorporés ensemble à Leziate . Désormais, vers le sud, la Craie Rouge n'est plus visible.

Ainsi donc, nous sommes arrivés à la fin de notre voyage. Nous avons noté le début et la fin de la Craie Rouge, nous avons aussi tenu compte de ses voisines . Nous avons remarqué aussi que dans le Yorkshire il repose en grande partie sur l' argile de Speeton , bien que dans certaines localités il soit voisin du lias et de l'argile de Kimmeridge, et que dans le Lincolnshire et le

Norfolk il repose sur une masse de galets brun foncé censée appartiennent à la formation inférieure de sables verts du sud de l'Angleterre.

La Craie rouge a également été découverte dans un endroit très inattendu, mais pas *in situ* . Je fais allusion à la dérive de Muswell Hill. Dans cette collection de matériaux différents, comprenant des exemples de toutes les formations, depuis l'argile de Londres jusqu'au calcaire de montagne dans une strate de dix-huit pieds, la craie rouge a été vue dans un état rocheux .

Grâce à la gentillesse de M. Wetherell de Highgate, je suis en mesure d'exposer des spécimens provenant de la dérive de Muswell Hill. Quiconque les comparerait à d'autres de Hunstanton déclarerait qu'ils viennent du même lit, tant ils se ressemblent en apparence.

Il fut sans doute une époque où cette Red Chalk avait une portée plus étendue : sa présence dans la dérive de Muswell Hill, ainsi que dans la dérive d'autres endroits, l'implique tout autant. Peut-être existe-t-il encore ailleurs, au plus profond de la terre.

Dans un puits creusé à Stowmarket, une substance rouge a été trouvée sous la craie blanche, à une profondeur de 900 pieds ; et dans un autre puits creusé à Kentish Town, les ouvriers rencontrèrent, à une profondeur de 1,113 pieds au-dessous de la surface, sous la gault, un lit de matière rouge de 188 pieds d'épaisseur ; une partie de cette matière rouge paraissait contenir des bélemnites.

Les géologues sont partagés quant à l'opinion concernant ce lit rouge profondément enfoui, qui n'est certainement pas toujours continu (par exemple, il n'a pas été découvert lors d'un forage à Harwich), et certains sont enclins à penser qu'il appartient au Nouveau Rouge. d'autres que c'est l'équivalent de ce qu'on appelle la Craie Rouge. Mais il est difficile de donner une solution à l'heure actuelle. Il est certain que dans la formation du Gault, ou à proximité, on trouve occasionnellement des lits de couleur rouge. Près de Dorking, le sable vert inférieur est coiffé d'un lit local d'argile rouge vif de huit pieds d'épaisseur. Et des exemples d'argiles rouges du gault de Ringmer dans le Sussex et de Charing dans le Kent peuvent être vus au Musée de la Geological Society de Londres. Leur relation avec la Red Chalk proprement dite d'Angleterre dépend de la position qui est donnée à cette formation.

Les géologues considèrent généralement la Red Chalk comme réellement égale au Gault. De nombreux fossiles sont certainement des espèces de Gault ; d'autres appartiennent sans doute à la Lower Chalk ; et, par conséquent, il est probablement préférable de le considérer comme une formation intermédiaire entre le Lower Chalk et le Lower Greensand, qui naît lorsque le Gault et le Upper Greensand se sont presque éclaircis.

Un des membres de notre comité, M. Rickard, a bien voulu me faire une analyse de la craie rouge de Speeton et de Hunstanton. Le Speeton est le suivant : -

Carbonate de chaux, avec un peu d'alumine	81.2
Peroxyde de fer	4.3
Silice	14.5
	100.

De Hunstanton...

Carbonate de chaux, avec un peu d'alumine	82,3
Peroxyde de fer	6.4
Silice	11.3
	100.

Ce dernier s'accorde remarquablement bien avec la couleur du spécimen, car la craie rouge de Hunstanton est plus brillante que celle de Speeton .

Deux échantillons des sondages de Kentish Town, l'un d'une masse argileuse rouge et l'autre d'une masse siliceuse, ont donné les résultats suivants : -

Argileux-

Peroxyde de fer	6.5
Carbonates de chaux	13.5
Silice et alumine (principalement cette dernière)	80,0
	100.

Siliceux-

Peroxyde de fer	2.5
Carbonates de chaux	23,5
Silice, avec un peu d'aluminium	74,0
	100.

Quant à savoir si un lien peut être établi entre ces deux derniers et les deux premiers , je laisse à d'autres le soin de décider.

La liste de livres suivante peut peut-être être utile à ceux qui souhaitent approfondir le sujet : - In

- Géologie du Yorkshire du professeur Phillips,

- Enquête sur les jeunes et les oiseaux de la côte du Yorkshire,

- Dr. Mémoire de Fitton sur les strates sous la craie,

- Taylor's Hunstanton Cliff (Phil. Mag. vol. lxi.),

- Géologie de Woodward de Norfolk,

- Rose sur la géologie de West Norfolk (Phil. Mag. Pour les années 1835 et 1836),

on trouvera quelques récits de la craie rouge anglaise. Et en

- Sedgwick et Murchison sur la structure des Alpes orientales (Geol. Soc. Trans. vol. iii. Deuxième série),

- Monsieur. RI Murchison sur la structure géologique des Alpes (Quart. Geol. Journal, vol. v.),

- Prof. TA Catullo sur les roches épiolitiques des Alpes vénitiennes (Quart. Geol. Journal, vol. vii),

- Comte A. de Zigno sur les formations stratifiées des Alpes vénitiennes (Quart. Journal Geol. Soc. vol. vi.),

on verra un aperçu de la Scaglia ou Craie Rouge d'Italie.

Par la gentillesse du Dr. Bowerbank , MM. Wetherell, Bean, Leckenby et Rose, en me permettant de voir les spécimens dans leurs armoires respectives, et à qui, ainsi qu'à M. Rupert Jones, je dois exprimer de grandes obligations pour des informations très précieuses, l'accompagnement Une liste des fossiles de craie rouge de Speeton , Hunstanton et Muswell Hill a été compilée. Je dois également au Conseil de la Société Géologique l'autorisation de faire figurer du Musée de la Société l' Inoceramus Crispii , au pl. je . figue. 4.

LISTE DES FOSSILES DE LA CRAIE ROUGE.

	Speeton	Hunstanton	Colline Muswell
Crystalria rotulata , D'Orb . <u>Pl. II,</u> fig. 8 Conchologie min. de Sowerby, onglet. 121, page 45. (Dans la collection de M. Jones.)	×		
Siphonie piriforme. <u>Pl. II,</u> fig. 2 pieds dorés Petrifacta , onglet. 6, fig. 7, page 16. (Dans la collection de M. Rose.)C'est probablement la tête du suivant.		×	
Spongie paradoxale. <u>Pl. II,</u> fig. 1 Géol.Trans.2, onglet. 27, fig. 1, page 377. (Dans les collections de M. Rose et de l'auteur.)		×	
Bourguétique rugueux . <u>Pl. III.</u> figue. 5 Histoire de D'Orbigny . du Crinoïde , onglet. 17, fig. 16-19. (Dans les collections de M. Rose et Auteur.)		×	
Pentacrinites Fittonii Austin's Crinoids, page	×		×

125. (Dans les
collections de M. Rose,
auteur, et de M.
Wetherell.)

Cardiaster
suborbiculaire ,
Forbes. Pl. II, fig. 3
pièces d'or. languette.
45, fig. 5, page
148.(Dans les
collections de M. Rose
et de l'auteur.)M. Le
spécimen de Rose est
bien meilleur que celui
imaginé.   ×

Cidaris Gaultina (?),
Forbes, déc. v. Pl. III.
figue. 7
(Dans la collection de
M. Rose.)   ×

Épines à 8 crêtes, 10
crêtes et 20 crêtes
(Dans les collections
de M. Rose et M.
Wetherell.)   ×   ×

Diadème tumidum ,
Forbes, déc. v. Pl. III.
figue. 6
(Dans la collection de
M. Rose.)   ×

Serpule antiquata . Pl.
III. figue. 4
Sov. Min Con.
languette. 598, fig. 4,
page 202. (Dans la
collection de M. Rose.)   ×

Serpule irrégulière . Pl. III. figue. 3 (Dans la collection de l'Auteur.)	×
Serpule triserrata . Voir avis, page 18 (Dans la collection de M. Rose.)	×
Vermiculaire umbonata . Pl. III. figue. 2 Géol. de Sussex de Mantell , onglet. 18, fig. 24, page 111. (Dans les collections de M. Rose et de l'auteur.)	×
Vermiculaire allongéa , Bean MS. Pl. III. figue. 1, 1a (Dans les collections de Mr. Bean, Dr. Bowerbank et auteur.)	×
Cytherella ovata, romaine . Pl. II. fig. 7 Jones, Entomostraca du Crétacé. Copain. Soc. page 29. (Dans la collection de M. Jones.)	×
Idmonée dilatata Terrains Crétacés de D'Orbigny , tab. 632. (Dans la collection de M. Bean.)	×

Diastopora ramosa ,
Dixon
Geol.Suss. page 295.
(Dans la collection de
M. Bean.)

×

Cériopora spongites
Goldfuss , page 25,
onglet. 10, fig. 14.
(Dans la collection de
l'auteur.)

×

Térébratula capillata .
Pl. IV, fig. 4, 4 ª ,
genre. surface
Brachiopoda du
Crétacé de Davidson,
planche 5, fig. 12, page
46. (Dans les
collections de M. Rose
et de l'auteur.)

×

Terebratula biplicata .
Pl. IV, fig. 1, 1 une ,
comme. faire surface
David. planche 6, fig.
34. (Dans les
collections du Dr.
Bowerbank , M. Rose
et auteur.)

×

Terebratula
Dutempleana
David. 6, fig. 1.(Dans
la collection de M.
Rose.)

×

Térébratula
semiglobosa . Pl. IV,
fig. 2, 2 une , comme.
faire surface
David. planche 8, fig.

×   ×

17. (Dans les
collections du Dr.
Bowerbank , M. Bean
et auteur.)

Kingena Lima. Pl. IV,
fig. 3, 3 ª, genre. faire
surface
David. planche 5, fig.
3, page 42. (Dans les
collections de M. Rose
et de l'auteur.)

                                    ×

Avicula , fonte de.   ×
(Dans la collection de
M. Bean.)

Exogyre haliotoidea .   ×
Pl. II, fig. 10
Semer. Onglet MC. 25,
page 67. (Dans les
collections de M. Rose
et de l'auteur.)

Inocéramus   ×
Coquandien . Pl. I. fig.
1
D'Orb . Ter. Crêt .
languette. 403, fig. 6-8.
(Dans la collection de
l'Auteur.)

I. Crispii . Pl. I. fig. 4   ×
hommes . Onglet GS.
27, fig. 11, page 133.
(Dans les collections
de M. Rose et Geol.
Soc.)

I. tenuis. Pl. I. fig. 5   ×   ?
hommes . GS page

132.
(Dans les collections
de M. Rose et M.
Wetherell.)

I. gryphæoides   ×
Truie. Onglet MC.
584, fig. 1, page 161.
(Dans la collection de
M. Rose.)

I. læviusculus , Bean   ×
(Dans la collection de
M. Bean.)

I. sulcatus   ×
Truie. Onglet MC.
306, page 184. (Dans la
collection de M. Rose.)

Fronts d'Ostrea. Parc.   ×
Pl. II, fig. 4
Sov. Onglet MC. 365,
page 89. (Dans la
collection de M.
Wetherell.)

O. vesiculaire , Lam.   ×
Pl. II, fig. 5
Sov. Onglet MC. 392,
page 127. (Dans la
collection de l'auteur.)

O. Normaniana   ×
D'Orb . languette. 488,
fig. 1-3, page 746.
(Dans la collection de
M. Rose.)

Pecten Beaveri   ×
. Onglet MC. 158, page

131. (Dans la collection de M. Rose.)			
Spondylus latus Truie. Onglet MC. 80, fig. 2, page 184. (Dans la collection de M. Rose et auteur.)	✕	✕	
Ammonites alternées ? Woodward, géol.Norfolk, onglet. 6, fig. 23.		✕	
Ammonites complanatus Truie. Onglet MC. 567, fig. 1.(Dans la collection de M. Rose.)		✕	
A. rostratus Truie. Onglet MC. 173, page 163. (Dans la collection de M. Rose.)		✕	
A. serratus, truie Parkinson. Onglet MC. 308, page 3. (Dans la collection de M. Rose.)		✕	
Belemnites atténués . Pl. IV, fig. 5 Sov. Onglet MC. 598, fig. 2, page 176. (Dans la collection de l'auteur.)		✕	
B. minimus . Pl. IV, fig. 8 Sov. Onglet MC. 598,	✕	✕	✕

fig. 1, page 175. (Dans les collections de MM. Bowerbank , Bean, Rose, Wetherell et Author.)			
Belemnites Listeri . Pl. IV, fig. 6 Phil.géol.York. languette. 1, fig. 18. (Dans la collection de l'auteur.)	×		
B. ultimus , D'Orb . Pl. IV, fig. 7 Sharpe, Craie mineure. languette. 1, fig. 17. (Dans les collections de M. Bean et Author.)	×		
Nautilus simplex. Pl. I. fig. 3 Sov. Onglet MC. 122, page 122. (Dans les collections de M. Rose, M. Wetherell et Auteur.)		×	×
Otodus appendiculé Ag. vol. iii., page 270, onglet. 32. (Dans la collection de M. Wetherell.)			×
Dent de Saurien (Dans la collection de M. Bean.)	×		
Vertèbre de Polyptychodon (?)		×	

Siphonia pyriformis est probablement la tête de Spongia paradoxica. Dans le cabinet de M. Rose se trouve une masse de ce dernier, à laquelle est attachée une tête semblable à celle figurée.

Bourguétique rugueux . Le diamètre de l'échantillon figuré est de 3/4 de pouce, la profondeur de chaque plaque de 3/16. La surface d'attache est couverte de mamillæ très fines , en rayons au nombre de sept ; un spécimen plus petit en possession de l'auteur mesure 3/8 de pouce de diamètre et 1/8 de profondeur.

La serpula représentée dans la planche III. figue. 3 varie dans sa croissance irrégulière par rapport aux spécimens figurés sur la même planche. Ce caractère ne peut peut-être guère être considéré comme une différence spécifique ; V. elongata et la serpula considérée ont la même épaisseur de tube calcaire. Le premier ne se produit qu'à Speeton et le second à Hunstanton ; afin de distinguer les deux, le titre « irregularis » peut être appliqué à cette dernière en tant que variété.

Serpule triserrata , une espèce trouvée sur un spécimen d'Ammonites complanatus , se distingue par ses trois crêtes longitudinales dentelées. Une forme similaire se produit sur les ostreæ de l'argile Kimmeridge de West Norfolk.

Terebratula semiglobosa est commune à Speeton , mais très rare à Hunstanton. T. biplicata est très commun à Hunstanton, mais n'est pas connu à Speeton .

Inocéramus læviusculus , Bean, une grande espèce lisse un peu comme I. Cuvieri.

L'Ammonites alternatus de Woodward est maintenant perdu ; il s'agissait probablement d'une variété d'A. serratus, Park.

Belemnites minimus mesure parfois deux pouces de long dans la falaise de Hunstanton.

La vertèbre de Polyptychodon aurait, si elle était parfaite, environ six pouces de diamètre et trois d'épaisseur.

Le petit spécimen montré dans la planche II, fig. 9
appartient évidemment à la famille des coraux Turbinolien
, et peut-être au genre Trochocyathus institué par MM.
Milne-Edwards et J. Haime , en 1848. Les spécimens encore
obtenus ne sont pas suffisamment nombreux ni parfaits
pour une comparaison rigide avec d'autres formes, ou pour
admettre une description suffisamment détaillée, l'espèce
doit se révéler nouvelle. La forme de croissance resserrée
est très commune chez les Parasmilia de la Craie supérieure
et n'a aucune valeur spécifique.

Les fossiles caractéristiques de la craie rouge de Speeton
sont Terebratula semiglobosa , Belemnites minimus et
Vermicularia. allongé ; et à Hunstanton, Terebratula
biplicata , Belemnites minimus et Spongia paradoxica.

En conclusion, je me suis toujours efforcé de m'en tenir aux faits et de
m'abstenir de théories, car je pense que l'Association des géologues devrait
plutôt suivre les traces des savants plutôt que de vouloir prendre les devants.
Je suis sûr qu'en agissant ainsi, nous gagnerons le respect. Si les travailleurs
strictement scientifiques voient que nous souhaitons acquérir des
informations plutôt que d'acheter un nom vide de sens, ils nous tendront la
main droite de la camaraderie et nous aideront puissamment ; tandis qu'au
contraire, s'ils s'aperçoivent que nous aspirons trop et tentent de saisir ce que
nous ne pouvons pas retenir, alors le ridicule bien mérité sera sans doute le
nôtre. L'Association des géologues n'a été créée que pour rassembler les
amateurs, pour leur offrir un lieu de réunion et une salle où ils pouvaient
s'exprimer sur des sujets voisins. J'espère que les membres saisiront toujours
l'occasion et n'auront pas peur de parler, se rappelant toujours que chacun a
un peu de connaissance que son voisin n'a pas, et que lorsque chacun aide
son prochain, il doit finalement y avoir beaucoup de gain.

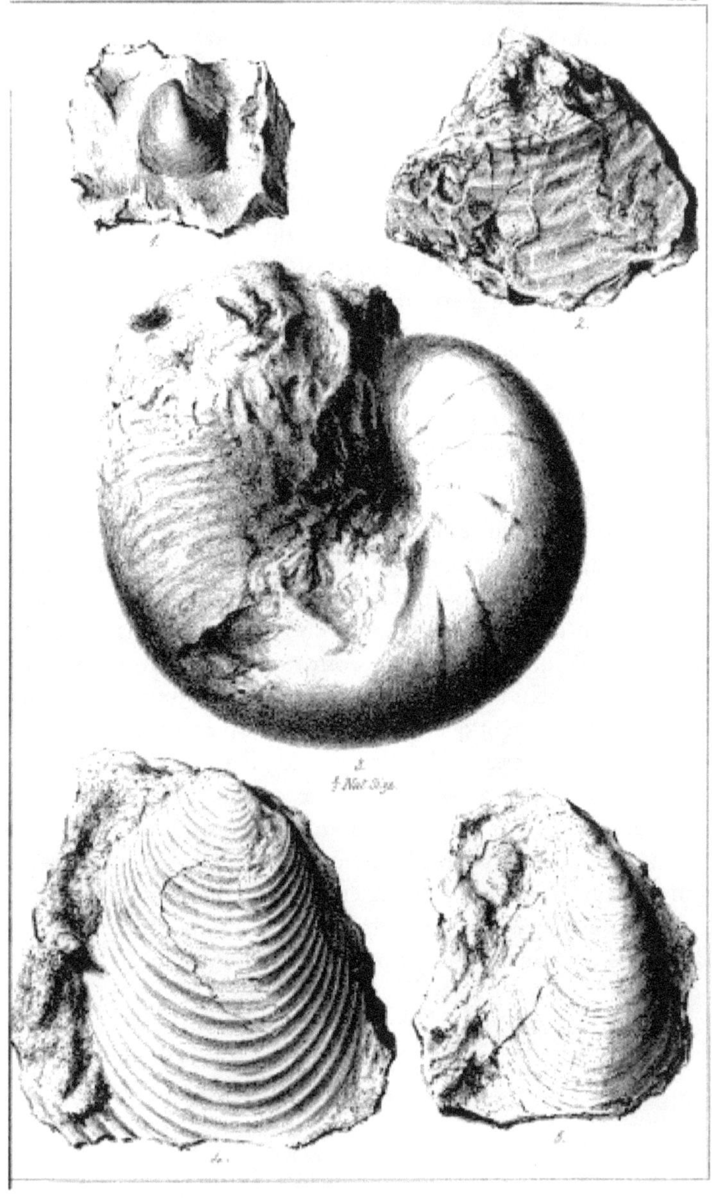

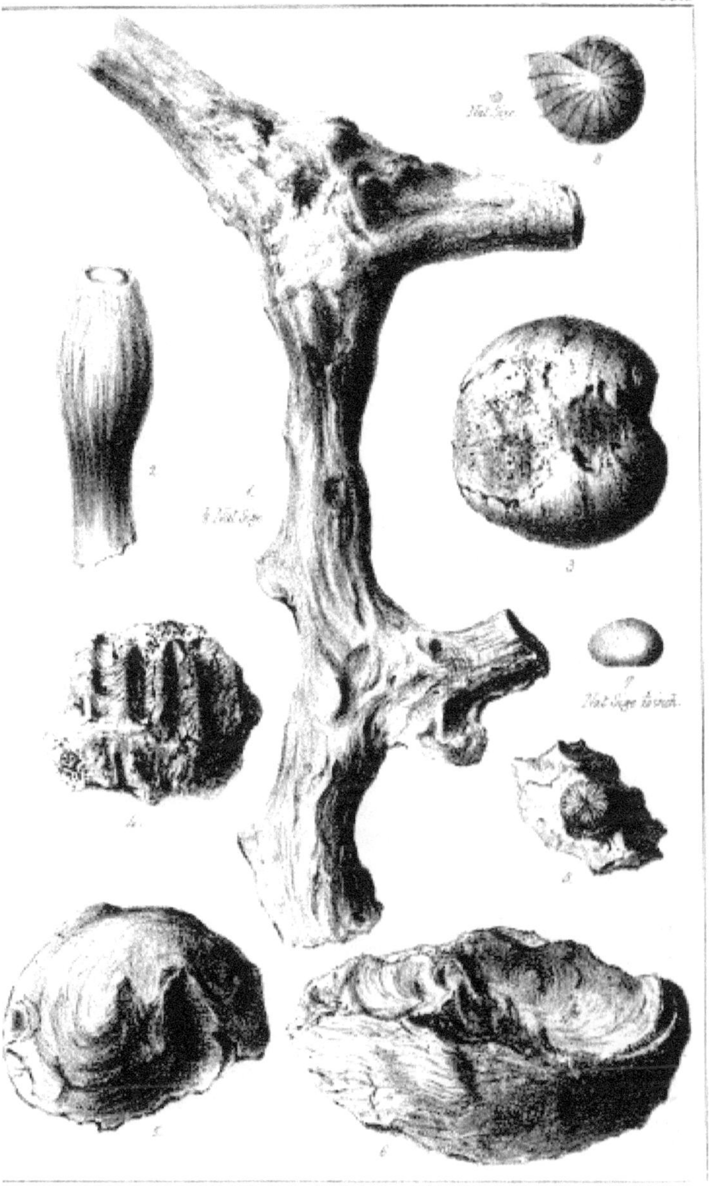

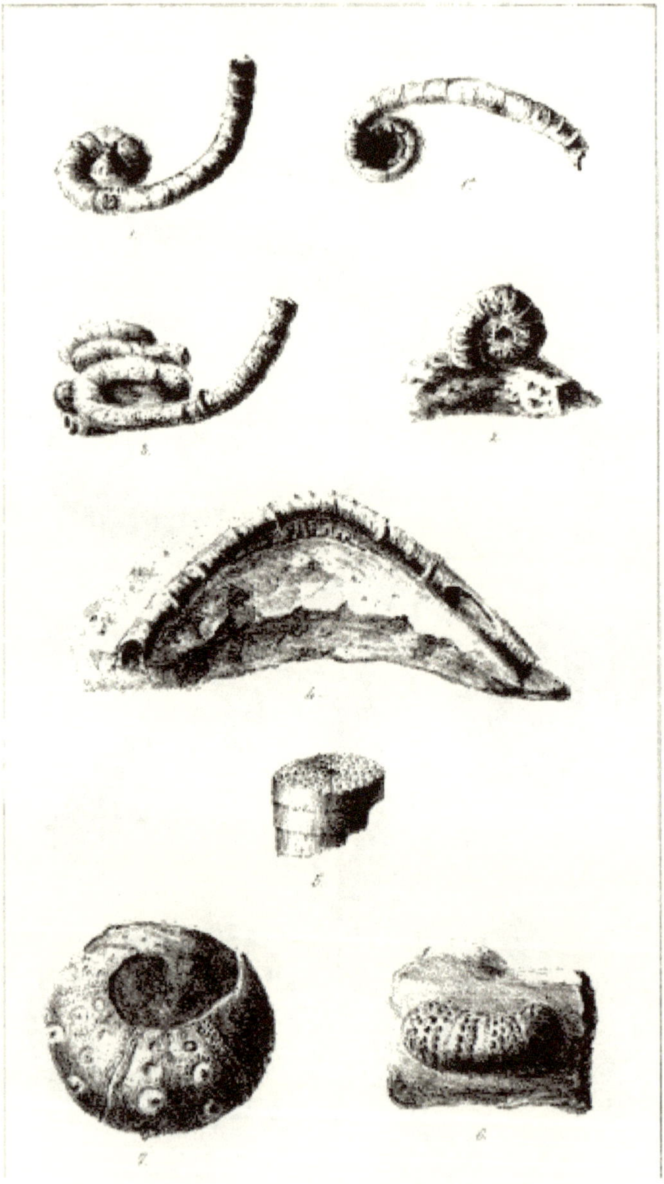

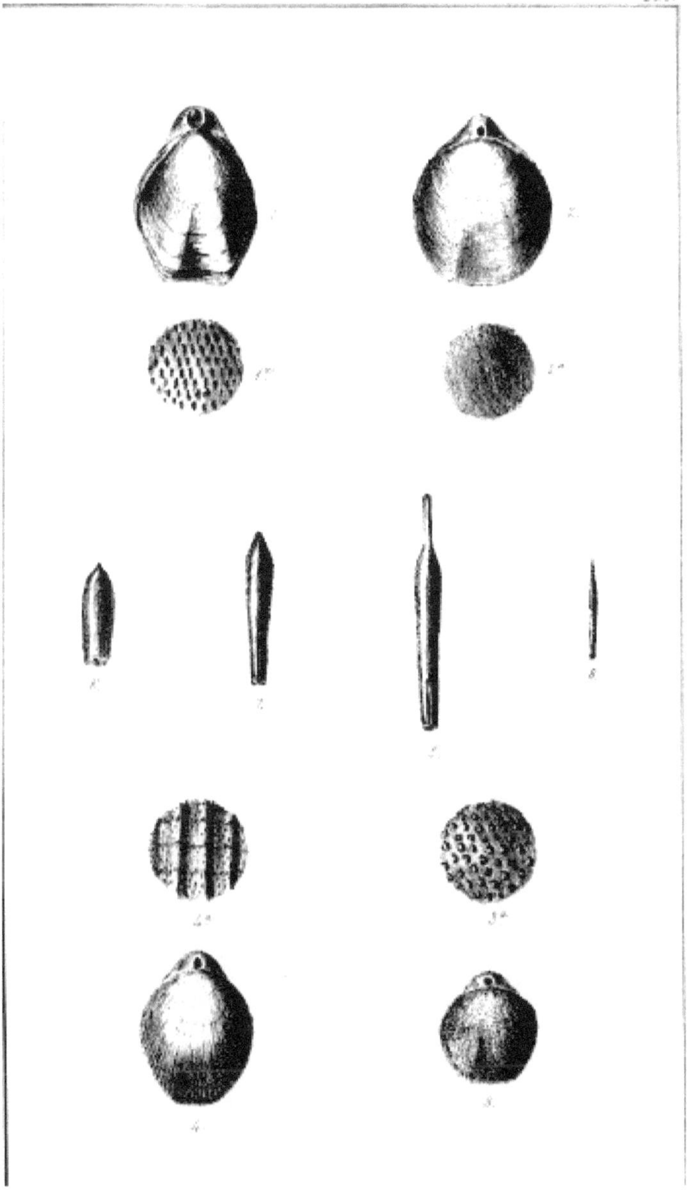